读客中国史入门文库
顺着文库编号读历史,中国史来龙去脉无比清晰!

王阳明心学口诀

熟读这99句王阳明心学口诀,
你就能遇事当机立断,行事势如破竹!

度阴山 著

北京日报出版社

图书在版编目（CIP）数据

王阳明心学口诀 / 度阴山著. -- 北京：北京日报出版社, 2021.3（2024.9 重印）
ISBN 978-7-5477-3913-6

Ⅰ.①王… Ⅱ.①度… Ⅲ.①王守仁（1472-1528）-心学-通俗读物 Ⅳ.① B248.2-49

中国版本图书馆 CIP 数据核字 (2020) 第 234247 号

王阳明心学口诀

作　　者：	度阴山
责任编辑：	王　莹
特约编辑：	郑喻世　乔佳晨　沈　骏
封面设计：	陈　晨
出版发行：	北京日报出版社
地　　址：	北京市东城区东单三条8-16号东方广场东配楼四层
邮　　编：	100005
电　　话：	发行部：（010）65255876
	总编室：（010）65252135
印　　刷：	天津联城印刷有限公司
经　　销：	各地新华书店
版　　次：	2021年3月第1版
	2024年9月第12次印刷
开　　本：	880毫米×1230毫米　1/32
印　　张：	6.25
字　　数：	109千字
定　　价：	36.00元

版权所有，侵权必究，未经许可，不得转载
凡印刷、装订错误，可调换，联系电话：010-87681002

目录

- 第一章　立志 —— 001
- 第二章　格物 —— 031
- 第三章　心即理 —— 061
- 第四章　知行合一 —— 101
- 第五章　事上磨炼 —— 137
- 第六章　致良知 —— 173

第一章 立志

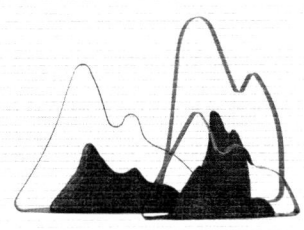

 /立志

只念念要存天理,即是立志。

——《传习录·陆澄录》

度阴山曰

王阳明心学中的"立志",不是立志做大官、发大财,甚至都不是主张先立志再做好事。王阳明所谓的"立志",是心中常存善念(念念要存天理),直白而言,就是首先做个好心人。王阳明特别重视立志,几乎把"立志"当成其学说的根基,这就在于:人,必须先是个拥有善意的好人,没有这一点,其他都不必多谈。

02 /立志

昔人有言,使为善而父母怒之,兄弟怨之,宗族乡党贱恶之,如此而不为善可也;为善则父母爱之,兄弟悦之,宗族乡党敬信之,何苦而不为善为君子?使为恶而父母爱之,兄弟悦之,宗族乡党敬信之,如此而为恶可也;为恶则父母怒之,兄弟怨之,宗族乡党贱恶之,何苦而必为恶为小人?诸生念此,亦可以知所立志矣。

——《教条示龙场诸生》

度阴山曰

我们为什么要立志心存善念，而后自然而然行善举？王阳明的表面说法是，因为世界上大多数人都喜欢为善的人，厌恶为恶的人。这是不是说明，我们要活在别人的喜好中，我们为善是为了取悦别人呢？王阳明的答案是否定的，我们从字里行间可以得到这样的信息：你心存善念、行善举时，内心是愉悦的。当一个人内心愉悦时，他就是在做最好的自己。做最好的自己，就是立志。

03 /立志

志不立,如无舵之舟,无衔之马,漂荡奔逸,终亦何所底乎?

——《教条示龙场诸生》

度阴山曰

　　王阳明说,人生只一事,那就是立志。没有志向的人,内心没有对善恶的鉴定判别。对善恶没有判别,就会没有方向。这就如同一匹无衔的马,一叶无舵的舟,不但危险,而且等于白来世上一回。人生是否有意义,关键就在于你是否存了善念。

04 /立志

求圣人之学而弗成者,殆以志之弗立欤!天下之人,志轮而轮焉,志裘而裘焉,志巫医而巫医焉,志其事而弗成者,吾未之见也。

——《赠林以吉归省序(辛未)》

度阴山曰

　　立志心存善念的"善念"很宽泛,它可以是悲悯的善心,也可以是完美主义,更可以是圣贤。王阳明说,立志存善念后,你就无往而不利。你要立志做个木匠,那肯定就能成为木匠;你要立志成为医生,就必能成为医生。无论做哪行,心中都要存个天理在。即是说,做任何行业,都要做这个行业中的圣贤。圣贤没什么特殊之处,只是在行业中存天理,以完美主义的心态行工匠精神,做行业中的翘楚。这翘楚就是圣贤,就是善。

05 /立志

志之难立而易坠也。

——《与戴子良(癸酉)》

度阴山曰

立志难,且志向更容易坠失。原因有三:第一,很多人所立之志都是做大官、发大财,这根本不是王阳明所谓的立志,等于没志;第二,被不好的习气沾染后很难有勇气冲出;第三,因循、松懈,散漫度日,使志向成了摆设。

/立志

吾人为学，紧要大头脑，只是立志。所谓困忘之病，亦只是志欠真切。今好色之人，未尝病于困忘，只是一真切耳。

——《传习录·启问道通书》

度阴山曰

很多人的志向容易失去，是因为志向不真切。好色的人喜欢美色这个志向，从来不忘，那是因为真切。如果你喜欢自己的志向如好色之人喜欢美色一样，那志向不可能坠落。有人说，好色是本能。可优秀的拳击手防御时也是本能，但这种本能是千万次训练得出来的。事实上，人类的一切行为都可以训练成本能。

07 /立志

立志用功，如种树然。方其根芽，犹未有干；及其有干，尚未有枝；枝而后叶；叶而后花实。初种根时，只管栽培灌溉，勿作枝想，勿作叶想，勿作花想，勿作实想。悬想何益？但不忘栽培之功，怕没有枝叶花实？

——《**传习录·陆澄录**》

度阴山曰

志向确立后要做的事有两件：一是行动，不停地行动；二是不要总想着志向的实现，只要努力在万事上存天理，只求耕耘，不问收获，就是立志。耕耘了，必有收获。所以立志就是：但行好事，不问前程。因为前程就藏在你不停地行好事中。

/立志

夫苟有必为圣人之志，然后能加为己谨独之功。能加为己谨独之功，然后于天理人欲之辨日精日密，而于古人论学之得失，孰为支离，孰为空寂，孰为似是而非，孰为似诚而伪，不待辨说而自明。何者？其心必欲实有诸己也。必欲实有诸己，则殊途而同归，其非且伪者，自不得而强入。

——《书汪进之卷》

度阴山曰

立志必须谨独,一群人在一起制造出气氛,大多数人都会反省自己,这不是重要的,最重要的是,孤身一人时也能懂得反省,并且反省得要透彻,这就是谨独。只有做到这点,才能看透天理人欲,才能看透他人是真是伪。人必须有这种反省的心,而这种心绝对不是做给别人看的。

 / 立志

君子之学，无时无处而不以立志为事。正目而视之，无他见也；倾耳而听之，无他闻也。如猫捕鼠，如鸡覆卵，精神心思凝聚融结，而不复知有其他，然后此志常立，神气精明，义理昭著。一有私欲，即便知觉，自然容住不得矣。故凡一毫私欲之萌，只责此志不立，即私欲便退；听一毫客气之动，只责此志不立，即客气便消除。或怠心生，责此志，即不怠；忽心生，责此志，即不忽；懆心生，责此志，即不懆；妒心生，责此志，即不妒；忿心生，责此志，即不忿；贪心生，责此志，即不贪；傲心生，责此志，即不傲；吝心生，责此志，即不吝。盖无一息而非立志责志之时，无一事而非立志责志之地。故责志之功，其于去人欲，有如烈火之燎毛，太阳一出，而魍魉潜消也。

——《示弟立志说（乙亥）》

度阴山曰

立下志向后,要懂得责志。人立下志向后,专心致志于此志向,在通往志向的路上,一旦有骚动之心、妒忌之心、愤怒之心、贪婪之心……那马上要提醒自己,志向是否不坚,要真心实意责备自己的志向不坚。因为如果你做圣贤的志向特别坚定,就不可能有这些心。圣贤不可能有这些心。明白了这个道理,也就明白了,立志可以帮助我们去除这些人欲。

10 /立志

故凡有志之士,必求助于师友。无师友之助者,志之弗立弗求者也。

——《别三子序(丁卯)》

度阴山曰

立志后,需要求助于同道,把他们当成一面镜子,大家互相监督,互相鼓励。唯有如此,才能在立志这条路上不孤单,不寂寞,充满激情,共同向前,成为圣贤。

11 /立志

曰:"正恐这些私意认不真。"曰:"总是志未切。志切,目视耳听皆在此,安有认不真的道理!'是非之心,人皆有之',不假外求。讲求亦只是体当自心所见,不成去心外别有个见。"

——《传习录·薛侃录》

度阴山曰

立志真切了,你就能辨别公意与私意。有些人对公意或私意,认识不清,可人人都能辨识美女还是丑女,为什么能辨识美丑,只是个内心真切而已。所谓真切,就是真心实意喜欢美女,真心实意厌恶丑女。

12 / 立志

志于道德者，功名不足以累其心；志于功名者，富贵不足以累其心。

——《与黄诚甫（癸酉）》

度阴山曰

你若立志于做道德完人,那来到身边的功名不可能干扰到你;你若立志于建功立业,扬名千古,那来到身边的富贵也不可能干扰到你。所以立下王阳明所谓的志(存天理),你得到的将超出你的想象——既有精神食粮,也有物质财富。

13 /立志

能加为己谨独之功,然后于天理人欲之辨日精日密。

——《书汪进之卷》

度阴山曰

　　一个人肯死心塌地做圣人，才会要求提升自我，而不是做给别人看，如此才能做好慎独功夫。能要求提升自我并做好慎独功夫，才能把天理人欲分辨得越来越清楚细致。为什么呢？因为有做圣人志向的人，一定会让自己先做到忠实于自己的内心，只要能做到这一点，就能玩命似的去探究真伪，所以能对天理人欲分辨得特别清楚明白。

14 /立志

诸公在此,务要立个必为圣人之心,时时刻刻须是"一棒一条痕,一掴一掌血",方能听吾说话,句句得力。若茫茫荡荡度日,譬如一块死肉,打也不知得痛痒,恐终不济事,回家只寻得旧时伎俩而已。岂不惜哉?

——《传习录·黄以方录》

度阴山曰

立志是个苦活,不要说在实现志向的路上有艰难险阻,即使立志之时,也要有一股狠劲,立下圣人之志,必须做到"一棒下去一条血痕,一嘴巴就抽出血来"。只有对自己要求严格,功夫扎实,才有可能在未来艰难的路上,走到底。

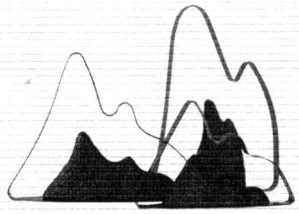

格物

第二章

15 /格物

忽中夜大悟格物致知之旨……始知圣人之道，吾性自足，向之求理于事物者误也。

——《王阳明年谱》

度阴山曰

阳明心学诞生的标志是龙场（今贵州修文县）悟道，龙场悟道的"道"是吾心自足，不假外求。通俗而言就是，凡事只需心中求。为什么会感悟到这一点呢，因为王阳明搞明白了"格物"。"格物"是《大学》"三纲八目"中"八目"的第一目，理学大师朱熹的解释是，"格"是探求，"物"是事物，去事物上探求就是格物。可王阳明却认为，向心外格物大错特错，格物只需心中做，世上就没有难事。

16 /格物

格者,正也,正其不正以归于正之谓也。正其不正者,去恶之谓也。归于正者,为善之谓也。

——《大学问》

度阴山曰

王阳明对"格物"的"格"的解释是这样的:格是"正"的意思。比如一棵树苗歪了,我们把它扶正,这就是"正"。一棵树苗没有歪,我们保证它不会歪,这也是"正"。把歪树苗扶正是"正其不正",是去"恶";让正的树苗不要歪,是"为善"。"格",就是"为善去恶"。

17 /格物

天下之物本无可格者,其格物之功,只在身心上做。

——《传习录·黄以方录》

度阴山曰

　　天下之物皆可用来"格"（探究），比如原子弹，若想制造出来，就必须去研究。不过问题是，你制造原子弹的目的（念头）是什么？是保家卫国，还是屠杀无辜的人？这个念头，才是我们真正要"格"的，也是我们唯一要"格"的。而且，念头来自我心，所以它只能在我们心上"格"。

18 /格物

孔训示克己,孟子垂反身,明明贤圣训,请君勿与谖。

——《郑伯兴谢病还鹿门雪夜过别赋赠三首》

度阴山曰

孔子主张克制自己,认为人要拥有自我管理的能力;孟子则认为,事情如果没有做好,就应该回到自身来找问题。无论是孔子还是孟子,主张的都是,人应该在自己身上下功夫。人生如果真有处世法则,那么这个法则就是:克己和反身。即一切问题都在心上格,在心上寻找答案。

19 /格物

洒扫应对就是一件物。童子良知只到此,便教去洒扫应对,就是致他这一点良知了。

——**《传习录·黄以方录》**

度阴山曰

"格"是正的意思,"物"是事情的意思,比如洒水扫地是一件事,古人就称它为物。那么所谓"格物"其实就是在事情上正你的念头。洒水扫地就是一件事,我们在这件事上"格",就是要拿出正的念头:用心来洒水扫地。天下万事,都可以用这种方式来应对,这就是格物。天下那么多事,我们只要用良知来应对,那就是真格物。

20 / 格物

舜不遇瞽瞍，则处瞽瞍之物无由格；不遇象，则处象之物无由格。周公不遇流言忧惧，则流言忧惧之物无由格。故凡"动心忍性，增益其所不能"者，正吾圣门致知格物之学，正不宜轻易放过，失此好光阴也。

——《传习录拾遗》

度阴山曰

舜的父亲瞽叟和弟弟象总想杀掉他,但舜在这种情况下仍然坚持孝悌之道,最终感化了这两个人。周公辅佐年幼的天子,外面风言风语说他要篡权,可周公用实际行动堵上了悠悠众口。人若想内心强大,成人成己,肯定会遇到艰难困苦之事,在这些事上用功,不要被事情累倒。所以我们要感谢人生中出现的挫折,因为这些事只要你格了它,它就成了你内心强大的资本。不是每个人都有资格享有人生的痛苦与厄运的,如果你遇到了,说明你是上天的宠儿,你就在痛苦与厄运这些事上好好格。

21 /格物

知得轻傲处，便是良知；致此良知，除却轻傲，便是格物。

——《寄薛尚谦（癸未）》

度阴山曰

　　王阳明说格物只需从心上格，可如何保证我心中的念头就是正确的呢？比如我的心如何知道看到别人落井时，"去拯救"才是正的念头，"落井下石"是错的念头呢？王阳明说，因为我心上有良知啊，良知知道你的某种行为是轻傲的，你只要把它除掉，这就是格物——在确定了某个行为是轻傲后，不仅要正这种念头，还要把它去除，才算完整的格物。由此可见，格物本身就包含了知和行两个行为。

22 / 格物

修齐治平,总是格物。

——《答甘泉(辛巳)》

度阴山曰

　　修身、齐家、治国、平天下，甚至吃喝拉撒，人生中的一切事都建立在格物的基础上。即便是再千头万绪的事情，"格物"两个字一样都能解决。除此以外的一切机关算尽，不但违背格物宗旨，违背你的心，更是自作聪明，终将竹篮打水一场空。

23 / 格物

《大学》谓之"致知格物",在《书》谓之"精一",在《中庸》谓之"慎独",在《孟子》谓之"集义",其功夫一也。

——《与陆清伯书》

度阴山曰

致知格物、精一、慎独、集义，看似毫不相干，其实是一回事。"精一"是精心于天理，"慎独"是自我管理，"集义"是所作所为符合道义，这全是格物的内容。

24 /格物

惩心忿,窒心欲,迁心善,改心过;处事接物,无所往而非求尽吾心以自慊也。

——《紫阳书院集序(乙亥)》

度阴山曰

格物的条目如下：克制心中的忿怒，抑制心中的私欲，让内心去恶向善，改正内心的过失；在处理问题和待人接物上，力求让我们的本心完全发挥作用，从而实现内心的自足自快。

25 /格物

岂是人谋能妙算？偶逢天助及师还。穷搜极讨非长计，须有恩威化梗顽。

——《平八寨》

度阴山曰

阳明心学如何格人生？这四句话就是答案：人在做时天在看，人做得过分，天就会来干预；人即使天纵睿智，算无遗策，也要遵循"人算不如天算"的铁律；阳明心学虽然是门进取的学说，却仍然主张尽人事遵天命；人有千算也算不过天。机关算尽不是长久之计，也不符合天道。我们只能这样格物：得之不喜，失之不忧。

26 /格物

天下之人心,皆吾之心也。

——《答聂文蔚》

度阴山曰

人的面貌不同,性情不同,但有一点是相同的,那就是我们的心。你喜欢的东西,别人也喜欢,你厌恶的东西,别人也厌恶,大体如此。所以想要取得人心,就必须先光明自己的心,然后才能明白别人的心。格物,就是要先格自己,才能格明白别人。

27 / 格物

一有谋计之心，则虽正谊明道，亦功利耳。

——《与黄诚甫（癸酉）》

度阴山曰

即使你做的事是为人民服务这样伟大的事情,但如果你心里算计了,虽然有成果,也不是天理,而是功利。所谓算计,无非是想得到鲜花和掌声,甚至有时候会算计利益。为什么一旦有了这种算计,伟大的事也变成了功利呢?因为你的念头已不正,念头一旦不正,你就没有了格的能力,那么物(事情)必不正,所以流于功利。

28 /格物

见孺子之入井而恻隐,率性之道也;从而内交于其父母焉,要誉于乡党焉,则人心矣。

——《重修山阴县学记》

度阴山曰

见到一个小孩在井边摇摇欲坠,本能地飞奔过去解救,这就是天理;解救的过程中想着如何得到实惠,如何得到别人的赞美,这就是人欲。古人讲人心难测,就是这个道理。但任何人都能测自己的心,测自己心的过程就是格物。

心即理

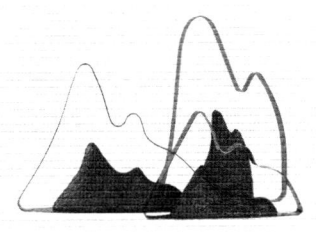

第三章

29 /心即理

心即理也。天下又有心外之事、心外之理乎?

——《传习录·徐爱录》

度阴山曰

理在我们心中，不在心外的事物上，天下没有心外的理，也没有心外的事。比如对待父母这件事和孝顺父母这个理，它不在父母身上，而是在我们心里。只有你有孝顺的心，才有孝顺这个理出来。其他理同样如此，事情承载着理，理不在心外，事情自然也不在心外。

30 / 心即理

心外无事,心外无理,故心外无学。

——《紫阳书院集序》

度阴山曰

世间事是人靠心做出来的,人不动心去做事,就不可能有事,所以,心外无事。古语说,天下本无事,庸人自扰之,就是"心外无事"。事物本身没有理,所有事物的理都是我们人心赋予的,比如孝顺,它源于我们的心,不在事物(父母)那里,所以说"心外无理"。至于"心外无学"更好理解:人类的一切学说,也是某些人通过自己的心搞出来的。所以,我们的心外什么都没有,一切事、理、学都在我们心内。

31 /心即理

先生游南镇。一友指岩中花树问曰:"天下无心外之物,如此花树,在深山中自开自落,于我心亦何相关?"

先生曰:"你未看此花时,此花与汝心同归于寂。你来看此花时,则此花颜色一时明白起来,便知此花不在你的心外。"

——《传习录·钱德洪录》

度阴山曰

"心外无物",最简易的解析就是:物者,事也。心外无物就是心外无事。另外的解析是:物承载着理,理不在心外,物自然也不在。第三种解释就是这个"岩中花树",王阳明认为,花固然客观存在,可如果我们不和它建立联系,互相感应,赋予它价值,那花和我们是各自存在的,和我们没有任何关系。我们只有用心和它建立起联系(看它),感应它(从眼入心),赋予它价值(鲜艳),它才算作一物。所以说,心外无物。

32 / 心即理

身之主宰便是心,心之所发便是意,意之本体便是知,意之所在便是物。

——《传习录·徐爱录》

度阴山曰

身、心、意、知、物,是一回事。我们抬一根木头,心发出这种念头,念头的正确与否由良知来判断,良知判断可以抬这根木头后,身体再行动,而抬木头这件事就是物。物就是事,抬木头这件事,身、心、意、知,一个都不能缺少。

33 / 心即理

心外无物。如吾心发一念孝亲,即孝亲便是物。

——《传习录·陆澄录》

度阴山曰

王阳明认为,物就是事情的意思,孝顺父母就是一物,是一件事。孝顺父母这件事情的发生就是在于我们用了心。如果我们不用心,这件事就不可能发生。所以说,心外无事,也就等于心外无物。

34 /心即理

所谓汝心,亦不专是那一团血肉。若是那一团血肉,如今已死的人,那一团血肉还在,缘何不能视听言动?所谓汝心,却是那能视听言动的,这个便是性,便是天理。

——《传习录·薛侃录》

度阴山曰

心，在中国传统思想中，绝不是心脏这个器官，而是能感知万事万物的一种灵。它在，万物就在；它不在，万物对于它而言就消失了。所以心之外能有什么？同时，它和我们的头脑恰好互补。心去感知，头脑为心服务，使感知更加透彻。头脑思考出来的是术，心感知出来的则是道。

35 /心即理

理虽万殊而皆具于吾心,心固一也,吾唯求诸吾心而已。

——《约斋说(甲戌)》

度阴山曰

天下有各种各样的理,我们不必刻意去学。因为我们每个人的心中都有这些理,只要你内心光明,遇事就会自然发散出来。孝顺父母的理和爱妻儿的理固然不同,可其来源相同,都从心上来,都从用心来。

36 / 心即理

我如今说个"心即理"是如何，只为世人分心与理为二，故便有许多病痛。如五伯攘夷狄、尊周室，都是一个私心，便不当理。人却说他做得当理，只心有未纯，往往悦慕其所为，要来外面做得好看，却与心全不相干。分心与理为二，其流至于伯道之伪而不自知。故我说个"心即理"，要使知心理是一个，便来心上做功夫，不去袭义于外，便是王道之真。此我立言宗旨。

——《传习录·黄以方录》

度阴山曰

心里所想的和做出来的不一致，就是心理不一。心里想着荣华富贵，做出来的事却是售卖情怀，这就是心理不一。也就是说，落到事情上所呈现出的那个理和你心里的理不一样，你心里的理坏掉了，纵然事物上的理呈现得再光明，也没有用。你骗得了别人，却骗不了自己的心。心即理，就是要心理合一。

37 /心即理

笃信固亦是,然不如反求之切。今既不得于心,安可狃于旧闻,不求是当?

——《传习录·徐爱录》

度阴山曰

既然所有的理都在我们心中，那就不必被他人所谓的理牵着鼻子走。坚信权威当然好，但不如自己体悟到的学问。我们在拥有了知识和思想后，会在读别人知识和思想的时候有所犹疑。此时，千万别怕，不要认为它是权威，就不敢疑。权威也是人，是人就会有错。不得于心的东西，尤其要注意。"心即理"要求每个人都应该有独立思考的意识和能力。

38 /心即理

心一也,未杂于人谓之道心,杂以人伪谓之人心。人心之得其正者即道心,道心之失其正者即人心,初非有二心也。

——《传习录·徐爱录》

度阴山曰

人心只是一颗心,真诚用此心去待人接物,就是道心;虚伪地去待人接物,就是人心。人心可转化成道心,道心也会滑落为人心。没有灰色地带,要么是人心,要么是道心。一念为善就是圣人,一念为恶就是恶人。

39 / 心即理

或曰:"人皆有是心,心即理,何以有为善,有为不善?"
先生曰:"恶人之心,失其本体。"

——《传习录·陆澄录》

度阴山曰

如果天理在我们心中,人人都遵循天理,那大家都应该是善人,而没有恶人。可世界上就是有很多恶人。王阳明的回答是,这些人已经失去心的本体。心的本体是良知,失去良知的人,心就不是心了,发出去的理自然也不是理,而是邪理。

40 / 心即理

岂有邪鬼能迷正人乎？只此一怕，即是心邪！故有迷之者，非鬼迷也，心自迷耳。如人好色，即是色鬼迷；好货，即是货鬼迷；怒所不当怒，是怒鬼迷；惧所不当惧，是惧鬼迷也。

——《传习录·陆澄录》

度阴山曰

世界上的确有"鬼",但由于心外无物,鬼也是一物,所以鬼所居住的地方就在我们的心里,不在我们的心外。色鬼迷你,是因为你先有了色心,鬼才定居。你怕厉鬼,是因为先做了鬼鬼祟祟的事。总之,鬼在你心里,只有心中先有了鬼,然后才会开始怕鬼。

41 / 心即理

吾心有不尽焉，是谓自欺其心，心尽而后，吾之心始自以为快也。唯夫求以自快吾心，故凡富贵贫贱、忧戚患难之来，莫非吾所以致知求快之地。

——《题梦槎奇游诗卷》

度阴山曰

不能尽自己的心，是自己欺骗自己的内心，只有尽了自己的心意后，内心才会感觉到由衷的快乐。只要追求的是让自己的内心快乐，不管遇到富贵贫贱还是忧戚患难的处境，都可以致良知，去追求内心的快乐。真君子所追求的，不过是让自己内心快乐。只有内心快乐了，心才会纯粹，所发出的理自然也就纯粹了。

42 / 心即理

自圣人以至于愚人,自一人一心,以达于四海之远,自千古之前以至于万代之后,无有不同。

——《书朱守乾卷(乙酉)》

度阴山曰

从圣人到愚人，一个人一个心，每个人的想法都不同，不过，无论是千百年前还是现在，每个人的心对善恶的判断和态度是相同的。你认为的善，圣人也认为是善；你认为的恶，圣人也认为是恶。人皆可为圣贤，关键在于为善去恶。

43 / 心即理

吾心自有光明月,千古团圆永无缺。

——《中秋》

度阴山曰

如果我们只是关注客观世界的那个月亮,虽然有十五的圆月,可也有初十的缺憾,此时,我们的情绪就会被客观的、心外的这个月亮牵着走。倘若我心中是光明的、是理智的,那圆月就在我们心里,每天都是圆月,千古永无缺。心中有光,世界就是光。每个人的心不同,看到的月亮也不同,这就是心即理。

44 /心即理

人之恶行,虽有大小,皆由胜心出,胜心一坚,则不复有改过徙义之功矣。

——《语录·四条》

度阴山曰

　　人的恶行，虽然有大恶和小恶之分，但归根结底，产生恶行的心理始于好胜心。人一好胜，就想快速超越别人，不肯做好眼前事，想走捷径，但世界上根本没有捷径，可他非要走，那他就会走邪路。由于一切都在我们心中，所以要使自己成为善人，就必须在心上去除好胜心。

45 /心即理

心,在物为理,有此心即有此理,无此心即无此理。

——《传习录拾遗》

度阴山曰

虽然理在我们心中，但如果我们不将其呈现到物上，那等于没有。比如我们都有孝顺父母的理，可如果不把孝顺呈现到孝顺父母这件事上，那这个理就等于不存在。真有孝顺父母的心，肯定有孝顺这个理出现，没有孝顺父母的心，那一定就不能孝顺父母，孝顺的理也就不会出现了。这就是"心即理"，在内为"心"，呈现到外部事物上为"理"，所以，"心即理"本身就已经有了"知行"的影子。

46 /心即理

破山中贼易,破心中贼难。

——《与杨仕德薛尚谦(丁丑)》

度阴山曰

"山中贼"是我们所面对的外物,"心中贼"则是我们心中的很多缺陷。其实破心中贼并不难,只要经常反省自己的过错,做符合天理的事就可以了。可为什么王阳明却说破心中贼难呢?因为我们大多数人都在盯着别人心中的贼,而忽略了自己心中的贼。

47 /心即理

天地生意，花草一般，何曾有善恶之分？子欲观花，则以花为善，以草为恶。如欲用草时，复以草为善矣。此等善恶，皆由汝心好恶所生，故知是错。

——《传习录·薛侃录》

度阴山曰

事物没有善恶，你要养花，草就是恶，你要种草坪，花又成了恶。花和草本身哪里有善恶？事物的一切善恶，都是我们的心赋予的。而我们的喜欢或者厌恶，正是事物呈现出善恶的缘由。心外什么都没有，包括事物的善恶。一切全都在我们心中。

知行合一

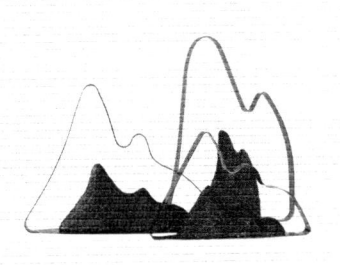

第四章

48 / 知行合一

故《大学》指个真知行与人看,说"如好好色,如恶恶臭"。见好色属知,好好色属行,只见那好色时,已自好了,不是见了后又立个心去好;闻恶臭属知,恶恶臭属行,只闻那恶臭时,已自恶了,不是闻了后别立个心去恶。

——《传习录·徐爱录》

度阴山曰

提到"知行合一",很多人想到的是,知是知道,行是行动,所谓"知行合一"就是知道了去行动。但王阳明的"知行合一"并不仅仅这样解释,它是先从道的角度来解析的。第一种解释是这样的:如好好色,如恶恶臭。见到美色属于知,喜欢上美色属于行;闻到恶臭属于知,厌恶恶臭属于行。见到美色会立即喜欢美色,闻到恶臭会立刻厌恶恶臭,中间没有间隔,所以知和行中间也没有间隔,当机立断,这就是知行合一。

49 / 知行合一

知犹水也,人心之无不知,犹水之无不就下也;决而行之,无有不就下者。决而行之者,致知之谓也。此吾所谓知行合一者也。

——《书朱守谐卷(甲申)》

度阴山曰

水在自然状态下永远向下流,这是它的"知",而且它永远不停地在向下流,这就是"行"。水肯定是一边知一边行的,知和行并驾齐驱,所以水是即知即行,知和行没有先后之分,也没有间隔。这就是所谓的知行合一。

50 /知行合一

一念发动处,便是知,亦便是行。

——《传习录拾遗》

度阴山曰

念头发动,这肯定是知,但没有看得见的行动,怎么能说是行呢?王阳明的意思是,你念头动时就是行了。这是典型的动机论,动机尤其重要,因为你的念头产生后,如果不除掉,它就会遗留在你心上。时间一长,坏念头真的就会被实践,所以王阳明才郑重警告你:一念发动即是行,因为知行是一回事。

51 /知行合一

问"知行合一"。王阳明曰:"此须识我立言宗旨。今人学问,只因知行分作两件,故有一念发动,虽是不善,然却未曾行,便不去禁止。我今说个'知行合一',正要人晓得一念发动处,便即是行了。发动处有不善,就将这不善的念克倒了。须要彻根彻底,不使那一念不善潜伏在胸中。此是我立言宗旨。"

——《传习录·黄直录》

度阴山曰

知行为什么是合一的？因为一念发动就是行。人人皆有念头，它发动了，虽然还没有落实到下一步的行动上，其实也是行了，这就是动机论。你做出什么样的事不重要，重要的是你做事时的念头。不要认为不好的念头没有执行就无所谓，其实你已经行了。

52 / 知行合一

火之本体是中,火之照物处便是和。举着火,其光便自照物。火与照如何离得?故中和一也。

——《传习录拾遗》

度阴山曰

火是"中",发出的光照到物上则是"和",中、和一体,谁也离不开谁。只要有"中",必有"和"。如果火出现了,却不去照物,那就没有"和",而火本身也就不是"中"。天地万物,皆有"中"有"和","中"自然而然发出,影响了万物就是"和"。人能呼吸是"中",吐故纳新则是"和"。不必刻意吐故纳新,你自然而然就在吐故纳新。火是"知",照物是"行",知行合一。

53 /知行合一

知是行的主意,行是知的功夫。

——《传习录·徐爱录》

度阴山曰

知行合一作为"道"的层面已经解释完了。下面是"术"的层面：我想要做一件事，然后去做了，这就是知行合一；想要做事还没有做，这是知（想）发动，它是行的主意，而行动则是执行知的功夫、方法。所以，一件事成了，本身就包含着知和行。

54 / 知行合一

夫人必有欲食之心,然后知食,欲食之心即是意,即是行之始矣。食味之美恶,必待入口而后知,岂有不待入口而已先知食味之美恶者邪?必有欲行之心,然后知路,欲行之心即是意,即是行之始矣。路歧之险夷,必待身亲履历而后知,岂有不待身亲履历而已先知路歧之险夷者邪?

——《传习录·答顾东桥书》

度阴山曰

正常情况下,人肯定是先有了想吃的心,然后才想吃东西。这个想吃的心就是念头,也就是行的开始。那么,如果不去吃,就不知道食物是什么味道,必须去吃,才能知。所以这个知行合一就是这样的:(欲)知—行—(真)知,它是个圈,转圈的目的是把"知"前面的"欲"去掉,把"欲知"升华为"知"。

55 / 知行合一

知者行之始,行者知之成。圣学只一个功夫,知行不可分作两事。

——《传习录·陆澄录》

度阴山曰

知是行的开始，行是知的结束，缺一不可。我们做的任何事，都应该有知和行，否则这件事就不能称为事。经常有人做出半途而废的事，原因就在于，他把知和行一分为二了。

56 /知行合一

知之真切笃实处即是行,行之明觉精察处即是知。

——《传习录·答顾东桥书》

度阴山曰

比如饱，你某次吃饭，吃得特别精细，特别认真，即使你日后没有写关于吃饱的论文，但你已经知道了什么是饱，这就是"行之明觉精察处即是知"。你那次吃得特别饱，险些撑破肚皮，那次饱让你印象深刻，虽然你现在没有再吃饱，但那次的饱已经被你铭记在心，一提起"饱"这个字，你大概就会呕吐，这就是知的真切笃实，就是行。

57 / 知行合一

知痛,必已自痛了方知痛;知寒,必已自寒了;知饥,必已自饥了。知行如何分得开?

——《传习录·徐爱录》

度阴山曰

真正的知道必源于行，比如你曾经痛过，才真正知道痛，否则就是无病呻吟；你被冻僵过，才真正知道寒冷，否则就是矫情；你被饿个半死过，才真正知道什么是饿，否则就是吃货。所以，当你说你真正"知"时，背后肯定跟着"行"，知行怎么可能分开！

58 /知行合一

人走路,走得一段方认得一段;走到歧路处,有疑便问;问了又走,方渐能到得欲到之处。

——《传习录·陆澄录》

度阴山曰

人生之路就是这样,你不走就不知道路是什么样。走起来后,才发现路的百折千回,山重水复,不知道往何处走时,便真诚地向别人询问。问别人,既是知也是行。走起来既是行也是知。做任何事都离不开知行,所以知行必然合一。

59 /知行合一

哑子吃苦瓜,与你说不得。你要知此苦,还须你自吃。

——《传习录·薛侃录》

度阴山曰

一切都要自己去行动才可得到真知,都要自己去体会感悟,才能得到真理。苦瓜有多苦,如果你不吃,纵然用世界上最能描述苦的文字也无法让你知道苦瓜的苦。中国古人讲究实践、体悟,原因也正在于此。自己通过实践得来的,才叫真知,再进一步说,必须是你亲自行而获取的知才是知行合一,靠他人的知指引你自己的行,肯定不能合一。

60 /知行合一

譬之饮食,其味之美恶,食者自当知之,非人之能以其美恶告之也。

——《答舒国用(癸未)》

度阴山曰

　　中国传统思想讲究体悟，也就是说，凡是别人告诉你的，虽然你觉得有道理，可如果你没有亲身感受，那这种知识对你而言，也不是真知。必须自己体悟后，才能真正知道。这就是知行合一。这个"知道"一定要是身体和心灵上的同时知道，比如烤鸭的味道，不仅仅是你身体（味觉）上知道了，还要心灵上知道，你要认真地吃，好好地品味，把烤鸭的味道放进心里，以后再见到烤鸭，不需要吃，你的身体和心灵就会同时起反应，把这种味道回想起来。

61

/ 知行合一

知得良知却是谁?自家痛痒自家知。

——《答人问良知二首》

度阴山曰

自己的痛痒,别人即使知道,因为不能身受,所以无法感同。你做了什么好事,做了什么亏心事,别人很难知道,只有你自己知道。那么,我们就要在自己身上下功夫。良知是谁?它是永远都保护你,指点你的人生导师。

62 /知行合一

未有知而不行者,知而不行,只是未知。

——《**传习录·徐爱录**》

度阴山曰

真正知道后，必能行。真正知道自己饿了，肯定要去吃饭；真正知道自己渴了，肯定要找水喝。如果不饿不渴，就不会有迫切的心去吃饭喝水。所以真知，本身已经包含了行，知行就是合一的。那么，为何会有知而不行的事呢？比如有人知道自己应当孝顺父母，却不去孝顺父母，王阳明的解释是，这种人根本就不是真知，假知没有行动，所以也就没有知行合一。

63 /知行合一

夫妇之与知与能,亦圣人之所知所能。圣人之所不知不能,亦夫妇之所不知不能。

——《**传习录拾遗**》

度阴山曰

圣人能知道多少？其实他知道的那些，普通人也知道。因为圣人从不在知识多寡上用功，而是在自己的良知上用功。圣人只知道不要做坏事，尽量做好事，这是普通人也知道的。圣人会格去那些乌七八糟的东西，普通人也应该这样。能做到这点，普通人就是圣人。

64 /知行合一

圣贤处末世，待人应物，有时而委屈，其道未尝不直也。

——《寄希渊（壬申）》

度阴山曰

末世就是"人心不古,世道浇漓"的时代,一个正人君子处于这样的时代,其实很难出淤泥而不染,所以有些时候可能会随大流,做事违背良知,与人相处虚与委蛇。但是,正人君子绝不会每件事都如此,其心中必须抱有正道,尽力不要让自己离良知太远。

事上磨炼

第五章

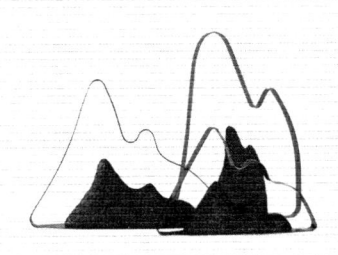

65 / 事上磨炼

问:"静时亦觉意思好,才遇事便不同。如何?"先生曰:"是徒知静养,而不用克己功夫也。如此,临事便要倾倒。人须在事上磨,方立得住。"

——《传习录·陆澄录》

度阴山曰

事上磨炼，不是磨事，正如磨刀不是磨那块石一样，而是磨刀。所谓事上磨炼，就是在事情上磨去自己的各种私欲，比如好胜心、荣辱心、得失心，只有在事上磨炼，去除这些私欲，才能见到光明的自己。除此之外，别无他法。

66 / 事上磨炼

目无体,以万物之色为体;耳无体,以万物之声为体;鼻无体,以万物之臭为体;口无体,以万物之味为体;心无体,以天地万物感应之是非为体。

——《传习录·钱德洪录》

度阴山曰

王阳明为何要我们去事上磨,因为我们的眼睛、耳朵、鼻子存在的意义不在其本身,而在于它的使用。用眼睛去看、耳朵去听、鼻子去闻,如此和外物发生感应,行动起来,才叫真正的眼睛、耳朵、鼻子。否则,这些东西根本无用。心也如此,必须和天地万物发生感应,才是真正的心。所以事上磨炼的意义是让你成为真正的人,而不仅仅是一副行走的皮肉。

67 / 事上磨炼

簿书讼狱之间,无非实学。若离了事物为学,却是着空。

——《传习录·陈九川录》

度阴山曰

文书、断案之间，无非都是实实在在的学问。如果离开了事物去做学问，反而会落空。这就是个在事上磨炼的问题，人必须去事上磨炼，不是因为能拥有智慧，而是因为不会空虚，人必须和事建立紧密联系，人才算是人。工作即修行，生活即修行，就是这个意思。

68 / 事上磨炼

然则圣人之学,乃不有要乎?彼释氏之外人伦,遗物理,而堕于空寂者,固不得谓之明其心矣。若世儒之外务讲求考索,而不知本诸其心者,其亦可以谓穷理乎?

——《与夏敦夫(辛巳)》

度阴山曰

圣人的学问，是需要一个根本的东西作为要领的。这个要领就是在事上磨炼。佛教排斥人之伦理，忽视了物的理，因而堕入空虚寂灭之中，所以不能说它认清了本心。儒家要人在事上磨炼，消磨自己的私欲，这才是直抵本心，认清本心。

69 / 事上磨炼

患难忧苦,莫非实学。

——《寄希渊(三)》

度阴山曰

你所经受的一切,尤其是患难和愁苦,都不是来打败你的,而是来使你变强大的。重要的是,你是否有接纳它们的勇气和智慧。否则,它们终究是祸害。无论是祸害还是财富,其实根本不在事物上,而在于你的态度。你的态度则来自你的心。

70 / 事上磨炼

修己治人,本无二道。政事虽剧,亦皆学问之地。

——《答徐成之(辛未)》

度阴山曰

　　自己的修行和对他人的管理，根本是一回事。修行的场所就在我们的工作和生活中，不在其外。越是纷繁复杂的事务，越是我们最佳的修行场。把握住这个修行场，才能进步。凡是把修行和工作分隔开的人，都是知行不一的人。

71 /事上磨炼

经一蹶者长一智,今日之失,未必不为后日之得,但已落第二义。须从第一义上着力,一真一切真。

——《寄薛尚谦(一)》

度阴山曰

人难免犯错误，但如果把每次犯的错误都乐观地视为成功之母，经历一次挫折，便是得到一次教训，增长一分才智，今日的失败未必不能成为他日的收获，但这已经落入第二要义了。第一要义是尽量少犯错，从失败中固然能得到教训，可从成功中更能得到经验。如何做到第一要义呢？就是先要坚定志向，去做正确的事！

72 / 事上磨炼

居常无所见,唯当利害,经变故,遭屈辱,平时愤怒者到此能不愤怒,忧惶失措者到此能不忧惶失措,始是能有得力处,亦便是用力处。天下事虽万变,吾所以应之,不出乎喜怒哀乐四者。

——《与王纯甫(一)》

度阴山曰

我们在人生中面对的任何事，都可以用四个字来应对，即：喜怒哀乐。该喜时则喜，该怒时则怒，该哀伤时哀伤，该快乐时快乐。然而真遇事，特别是面对利害，遭受屈辱时，很多人俨然做不到这点，不该怒时发怒，不该张皇失措时张皇失措，该冷静时不冷静，一处错，处处错。只要我们明白这个度，就能明白如何修行。

73 / 事上磨炼

先生尝言:"佛氏不着相,其实着了相。吾儒着相,其实不着相。"

请问。

曰:"佛怕父子累,却逃了父子;怕君臣累,却逃了君臣;怕夫妇累,却逃了夫妇。都是为个君臣、父子、夫妇着了相,便须逃避。如吾儒,有个父子,还他以仁;有个君臣,还他以义;有个夫妇,还他以别。何曾着父子、君臣、夫妇的相?"

——《传习录·黄以方录》

度阴山曰

佛家逃避,正是王阳明的说法。佛家总说不着相,不执着于事物,其实在王阳明看来,恰好是着相了,否则为什么要逃呢?真正的不着相,就是面对事物时把它解决了,而不是逃。解决方案很简单:去这些事情上练心。

74 /事上磨炼

圣人遇此时,方有此事。只怕镜不明,不怕物来不能照。讲求事变,亦是照时事。

——《传习录·陆澄录》

度阴山曰

事上磨炼，不是去主动找事，是被动迎接事情时心中要有定见，这定见就是要把各种私欲完完全全地高高挂起来。只有拥有这个意识，才能在事上真正地做到磨炼，磨炼就是炼心。

75 / 事上磨炼

君子之学,务求在己而已。毁誉荣辱之来,非独不以动其心,且资之以为切磋砥砺之地。

——**《答友人(丙戌)》**

度阴山曰

不要做木偶。别人一赞赏你,你就手舞足蹈;别人一批评你,你就暴跳如雷,这是典型的木偶。我们若想不做木偶,必须有一种意识,这种意识就是,自己所做的一切都是为了提高自己的心性,进化自己的灵魂。如果没有了这个,你会不知不觉地成为木偶。

76 /事上磨炼

先生曰:"只说'明明德'而不说'亲民',便似老佛。"

——《传习录·陆澄录》

度阴山曰

"明明德"是发现自己的品德,"亲民"是拿出行动亲近人,只发现自己的品德而不拿出行动亲近人民,就是佛道。明白这一点,就知和佛道相反的儒家是什么态度了。儒家以天地万物为己任,事上磨炼,不是磨嘴皮子,而是真刀真枪去行动。

77 / 事上磨炼

夫过情,非和也;动气,非和也;有意必于其间,非和也。孺子终日啼而不嗌,和之至也。

——《与许台仲书(又)》

度阴山曰

　　情感过度了，不是和；动气了，不是和；有臆测、专断之心在其中，不是和。婴儿终日哭啼也不会噎着，这是和的最高境界。即是说，和的最高境界是哀而不伤，身心不伤。婴儿不停地哭而不会生病，因为他哭的时候只专注于哭，至于哭的原因，他不去想，哭完就像没事人一样；成人则不同，关注的是哭的原因，而不关注哭本身，即使停了眼泪，也会哀伤，难以忘怀。事上磨炼的目的，不就是让自己的心处于"和"的状态嘛！

78 /事上磨炼

欲念无生,则念愈生。

——《传习录·答陆原静书(又)》

度阴山曰

你越是不想有杂念，杂念就越会出现。因为你不想有杂念，就是杂念。消除杂念的办法不是让自己不要有杂念，而是釜底抽薪，净化自己的心灵，心灵纯净后，杂七杂八的念头自然会消失。

79 /事上磨炼

澄在鸿胪寺仓居，忽家信至，言儿病危，澄心甚忧闷，不能堪。

先生曰："此时正宜用功，若此时放过，闲时讲学何用？人正要在此等时磨炼。父之爱子，自是至情，然天理亦自有个中和处，过即是私意。人于此处多认作天理当忧，则一向忧苦，不知已是'有所忧患，不得其正'。大抵七情所感，多只是过，少不及者。才过便非心之本体，必须调停适中始得。就如父母之丧，人子岂不欲一哭便死，方快于心？然却曰'毁不灭性'，非圣人强制之也，天理本体自有分限，不可过也。人但要识得心体，自然增减分毫不得。"

——《传习录·陆澄录》

度阴山曰

王阳明的意思不是让你听说儿子病危后,却哈哈大笑,而是让你抓住这样的机会在这件事上磨炼自己的心。你要明白,人常常会有负面情绪,如何在它们身上磨炼是重点。心爱的人有难,理所应当忧愁,可不能死去活来,第一步是解决问题,而不是在情感上先来一波要死要活。情绪无助于事情解决,发泄多少也无用;只有行动才能解决事情,在事上练,就是练行动先行于情绪。

80 / 事上磨炼

人于生死念头，本从生身命根上带来，故不易去。若于此处见得破、透得过，此心全体方是流行无碍，方是尽性至命之学。

——《**传习录·钱德洪录**》

度阴山曰

人,除了生死,其他都是小事。能看破生死的人,必是人上人。看破生死,不是不怕死,而是知道如何能永远不死。如何做到永远不死?那就要在事上磨炼自己,使自己成为一个圣人,所行所为皆为善,这样,你就永远活在别人心中了,死而未死。

81 / 事上磨炼

登山即是学。虽登千仞之山,面前止见一步,只登一步,不做高山欲速之想,即是学。

——《稽山承语》

度阴山曰

王阳明所谓的"只登一步"就是脚在哪里,心就在哪里。哪怕是比天高的山,你必须要做到眼中心中只见眼前的一步,不要做登上山顶的非分之想,如此才能成功。而有的人是怎么登山的呢?脚在山脚时,心已在山腰,脚在山腰时,心已在山顶。心和脚不在一处,当然登不到山顶。即使登到山顶,也会累得气喘吁吁啊。这就是阳明心学:关注当下,身在心在。不要身在这里,心却飘去那里,不能身心合一,肯定心累身累。事上磨炼,就是磨炼我们人生的每一步,只登一步!

第六章 致良知

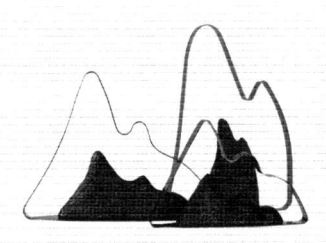

82 / 致良知

良知只是个是非之心,是非只是个好恶。只好恶就尽了是非,只是非就尽了万事万变。

——《传习录·钱德洪录》

度阴山曰

良知是什么？良知能知是非，能知善恶。良知就是我们与生俱来的道德感和判断力，道德感告诉我们哪些事是我们应该做的，判断力告诉我们哪些事是我们有能力做到的，这两点与生俱来，不需要后天培养。

83 / 致良知

义即是良知,晓得良知是个头脑,方无执着。且如受人馈送,也有今日当受的,他日不当受的;也有今日不当受的,他日当受的。你若执着了今日当受的,便一切受去;执着了今日不当受的,便一切不受去……便不是良知的本体。

——《传习录·黄省曾录》

度阴山曰

良知就是适宜，我们做内心适宜的事就是致良知。"适宜"没有固定的规则，良知的判定就是规则。比如有人送东西给你，你良知觉得可以收，收后很"适宜"，那就收；如果良知告诉你不能收，收后内心不"适宜"，那就不能收。一切行为都以良知（心的适宜）为标准。

84 / 致良知

良知感应神速,无有等待,本心之明即知,不欺本心之明即行也。

——《传习录拾遗》

度阴山曰

良知的反应非常迅速,刹那之间就能给出事物是非善恶的答案,它是我们的一种本能反应,要比我们思考迅疾得多。

85 / 致良知

良知在人，随你如何，不能泯灭，虽盗贼亦自知不当为盗，唤他作贼，他还忸怩。

——《传习录·陈九川录》

度阴山曰

每个人与生俱来都有良知,无论你怎样做,良知都不可能离你而去。比如十恶不赦的盗贼,你说他是盗贼,他心里也会不舒服。原因就在于,盗贼的良知告诉他,做盗贼是不对的。所以做坏事的人总是遮遮掩掩,你一挑开,他就很难受,其实是良知在惩罚他。

86 / 致良知

个个人心有仲尼,自将闻见苦遮迷。而今指与真头面,只是良知更莫疑。

——《咏良知四首示诸生》

度阴山曰

每个人心中都有个孔子,当然,并非孔子本人,而是孔子的精神。只要有孔子的精神,那每个人都有成为圣人的潜质。其实孔子一生给后人留下的财富,无非就是他始终在做致良知的事。圣人在我们每个人心中,每个人都可以成为孔子那样的圣人。

87 /致良知

良知之外,更无知;致知之外,更无学。外良知以求知者,邪妄之知矣;外致知以为学者,异端之学矣。

——《与马子莘(丁亥)》

度阴山曰

如果不是良知认可的知识,那就不是知识;如果不是关于致良知的学问,那就不是学问。任何知识和学问,都必须以良知为底色,而所有的知识和学问,归根结底只在讲一件事:良知和致良知。

88 /致良知

良知之在人心,则万古如一日。

——《寄邹谦之(二)》

度阴山曰

人皆有良知,人类社会存在,良知就存在,如同天上的太阳一样,千万年以前是太阳,千万年以后仍是太阳。这个世界会好吗?王阳明坚信,会好的。他的根据是,人人皆有良知。只要肯致良知,那世界就是美好的。

89 / 致良知

有乡大夫问（王阳明）："除却良知，还有什么说得？"
（王阳明）答云："除却良知，还有什么说得！"

——《寄邹谦之（三）》

度阴山曰

的确,王阳明心学谈的只有两个字:良知,所以说除却良知,没有什么好说的。人生也是一样,完美的一生,就是良知运行的一生。除了运行良知外,还有什么?!

90 /致良知

某于良知之说,从百死千难中得来,非是容易见得到此。

——《传习录拾遗》

度阴山曰

良知虽人人皆有，可若想让它彻底发挥其成天成地的威力，非要百死千难中走一遭，才能将它请出为自己服务。良知架子很大，不经历风雨见不到它，可它对你却非常忠诚，只要你肯听它的，它就能帮助你成天成地、成圣成神。

91 / 致良知

吾平生讲学,只是"致良知"三字。

——《寄正宪男手墨二卷》

度阴山曰

王阳明心学的理论很多，心即理、知行合一等，他晚年却说平生讲学只是"致良知"三字。这说明，他所有的理论只是一回事，那就是"致良知"，按照良知的判定去行动，就是知行合一，而知行合一的人必须心理合一（心即理）。所以，阳明心学就是致良知学，就是知行合一。

92 /致良知

尔那一点良知,是尔自家底准则。尔意念着处,他是便知是,非便知非,更瞒他一些不得。尔只要不欺他,实实落落依着他做去,善便存,恶便去。他这里何等稳当快乐。

——《传习录·陈九川录》

度阴山曰

我们如何致良知,这里已经说得很清楚。在我们遇事意念发动时,良知在监控着,它不会欺骗你,是就是,非就非,这并不难,难的是,你不要欺骗它,勇敢地按照它的吩咐来做。听命于良知,就是致良知。

93 /致良知

良知不由见闻而有，而见闻莫非良知之用。故良知不滞于见闻，而亦不离于见闻。

——《传习录·答欧阳崇一》

度阴山曰

良知是我们与生俱来的，不是从我们后天的视听言动中获得的。但它必须在后天的事上磨炼时才会呈现，这是事上磨炼，更是知行合一。我们在人间种种善的言谈举止，都是良知的作用，良知从来不专注于我们后天的行为，但它却在我们行为后面，矢志不移地指引着我们的行为。

94 / 致良知

盖良知只是一个天理。自然明觉发见处，只是一个真诚恻怛，便是他本体。故致此良知之真诚恻怛以事亲便是孝，致此良知之真诚恻怛以从兄便是弟，致此良知之真诚恻怛以事君便是忠。只是一个良知，一个真诚恻怛。

——《传习录·答聂文蔚》

度阴山曰

良知，换种说法就是真诚。真诚则是无私奉献，不求回报，听从本心。你孝顺父母，是发自本心，不求父母回报。倘若孝顺父母还要求回报，这就不是良知了。忠诚领导，是发自本心，不求回报；如果忠诚他人，还抱着回报的念头，这就是动机不纯，非致良知也。

95 /致良知

君子之酬酢万变,当行则行,当止则止,当生则生,当死则死,斟酌调停,无非是致其良知,以求自慊而已。

——《传习录·答欧阳崇一》

度阴山曰

人做事,没那么多深思熟虑,千机百密。在良知的指引下,当行则行,当停则停,甚至当死则死,当生则生,我们所有的斟酌,最终都要符合一条:不要心里有愧。而这一条,良知完全能不需要任何智慧就告诉你。

96 /致良知

诸君只要常常怀个"遁世无闷,不见是而无闷"之心,依此良知,忍耐做去,不管人非笑,不管人毁谤,不管人荣辱,任他功夫有进有退,我只是这致良知的主宰不息,久久自然有得力处,一切外事亦自能不动。

——《传习录·黄修易录》

度阴山曰

按照良知闷头闷脑去做,不要管别人说什么,不管荣辱,只要自己心安,自己凭着良知去行动。虽然有时会遇到挫折,但只要不放弃,按照良知的指引去前进,终有一天,你会练就一颗遇大风浪而不动的强大内心。

97 / 致良知

能致得良知精精明明，毫发无蔽，则声、色、货、利之交，无非天则流行矣。

——《传习录·黄以方录》

度阴山曰

追求荣华富贵，无可厚非。只要你以良知为准则，光明磊落地去赚钱，越是富贵，越是内心坦荡。最怕的就是赚钱不择手段，丧失良知，这种人就被称为恶人。

98 /致良知

凡谋其力之所不及,而强其知之所不能者,皆不得为致良知。

——《传习录·答欧阳崇一》

度阴山曰

致良知实际上有个限度,不是每个人都能做成大事,只要能把身边的小事做好,而且心安,就是致良知。所以对任何自己无法做到的事,不必太苛求自己。有些东西,是强求不得的,即使得到,也会很快失去。致良知,简单而言,就是将那些当下的事做好就是了。

99 /致良知

无善无恶心之体,有善有恶意之动。知善知恶是良知,为善去恶是格物。

——《传习录·钱德洪录》

度阴山曰

我们的本心（未见事物时）是无善无恶的，对事物的判定也是无善无恶的，可念头一起，对事物的判定就有了善恶。能知道这善恶的是良知，如果我们肯踏实地为善去恶，就是格物，就是按照良知的判定去行动，就是知行合一，就是致良知。

激发个人成长

多年以来，千千万万有经验的读者，都会定期查看熊猫君家的最新书目，挑选满足自己成长需求的新书。

读客图书以"激发个人成长"为使命，在以下三个方面为您精选优质图书：

1. 精神成长

熊猫君家精彩绝伦的小说文库和人文类图书，帮助你成为永远充满梦想、勇气和爱的人！

2. 知识结构成长

熊猫君家的历史类、社科类图书，帮助你了解从宇宙诞生、文明演变直至今日世界之形成的方方面面。

3. 工作技能成长

熊猫君家的经管类、家教类图书，指引你更好地工作、更有效率地生活，减少人生中的烦恼。

每一本读客图书都轻松好读，精彩绝伦，充满无穷阅读乐趣！

认准读客熊猫

读客所有图书，在书脊、腰封、封底和前后勒口都有"**读客熊猫**"标志。

两步帮你快速找到读客图书

1. 找读客熊猫

2. 找黑白格子

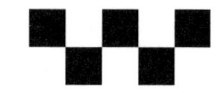

马上扫二维码，关注"**熊猫君**"

和千万读者一起成长吧！